北京上河卓远文化传播有限公司 出品

外星人不知道他们不存在

颜峻_著

河南大学出版社
HENAN UNIVERSITY PRESS

图书在版编目(CIP)数据

外星人不知道他们不存在 / 颜峻著. — 郑州:河南大学出版社,2015.12
ISBN 978-7-5649-2275-7

Ⅰ.①外… Ⅱ.①颜… Ⅲ.①诗集—中国—当代
Ⅳ.①I227

中国版本图书馆CIP数据核字(2015)第305455号

外星人不知道他们不存在
作　　者　颜　峻
责任编辑　杨全强　陈晓菲
责任校对　萧　歌
封面设计　郑元柏

出　版　河南大学出版社
地址：郑州市郑东新区商务外环中华大厦2401号　邮编：450046
电话：0371-86059701(营销部)　网址：www.hupress.com
制　作　北京大观世纪文化传媒有限公司
印　刷　河南瑞之光印刷股份有限公司
版　次　2018年3月第1版　　印　次　2018年3月第1次印刷
开　本　889mm×1194mm　1/32　印　张　4.5
字　数　100千字　　　　　　　定　价　30.00元

版权所有，侵权必究
(本书如有印装质量问题，请与河南大学出版社营销部联系调换)

献给乔乔

目录

1 2003
5 2004
13 2005
17 2006
23 2007
29 2008
39 2009
61 2010
79 2011
107 2012
121 2013
135 后记
136 后记的后记

2003

12月7日（关于我的三首短诗）

1

冬天　仍然是沙砾

像嘴唇擦过夜

被火车缠绕的心

发出尖叫　它雪亮的额头

贴近着不存在的黎明

但我的爱　仍然是沙砾

我的昨天　我的鞋

我的厨房里　满是锈

2

旧的浪漫　一万片树叶

一起向另一颗星球升起

公路被看见　被掩埋
我跑得这么快　是为了死去
像倒退的天使

我模仿着下一次秋风

　3

我在我不在的地方
坐下来　但整座海洋
被高潮压缩成了针

黑暗　像地铁里的恋爱
从这里我开始出汗
我学会了在变老前
紧抱着空气　永远地　昏过去

2003.12.7

2004

2月14日,给晓枫

1

再见吧火　再见吧咖啡
把我变成你　而你消失在空气里

把工地翻过来　把雨下在草上
在东京　猫睡觉　觉得冷
而你观察着我　消失在火车里

2

如果草原可以不朽

在一个箱子里　琵琶的灰
像海一样沸腾　一台照相机
如果我是电话　我哭

并且沉默　坐在山上看自己

像灰烬一样燃烧
像一颗发抖的星星

3

中国人喝酒　离开家
用指南针指着自己

早上　他们的身体开始变热
变出蒸汽　一些水银
雕刻出蘑菇　野菜　和意大利面

而我们都是性爱中冷却的汗

2004.2.14

3月17日
——献给策兰和顾城

从泡沫中　星星升起
洋葱成为眼泪

那些树　外国的灯
斧头开花　被听见

我们讨论着匮乏
坐在空中　看黑色的眼睛

       2004.3.16

3月26日

除了火烧海洋　水煮鱼
除了电影　除了春光

还有什么能让心脏收缩

昨天　蝴蝶扑打着空气
说快开花　快下雨
如果感到疼　就快把嘴张开

除了这些　还有谁
等待着进取和幻灭

2004.3.26

5月25日

一个长得像红色砖头的人
一个像芦苇一样
拒绝想我的人

车过广元的时候
雨已经停了两次
桥洞里的人们拉起手
像昨天的车轮
旋转着离去

这是一个想要存在却被分成两半的人

        2004.5.25，火车上

12月23日,给Judy

看这些虚拟的楼

虚拟的雾气　跑步者

奔向东方　闪耀在天边

只有雪　被踩进记忆里

2004.12.23

2005

8月10日

暴风雨还在向北推进吗
在一片光里
我越过海洋　向更北的地方移动

没有恨　白云像苦涩的蜜
阳光抚摸着地球
就像抚摸着阳台上裸露的脊背

奥斯陆　水鸟从极昼归来
向清晨的自行车呼喊
没有雨　没有汉字　我突然醒来

2005.8.10

9月6日

蝙蝠在超声波的海洋中飞行
正如人在夜幕下望着它们

他只是想到了这些
并不知道意味着什么

2005.9.6

2006

2月17日

像所有要分开的人一样我们哭
像所有的旧衣服　旧衣服上的尘土

像所有旧日子　雪地上的焰火
几千里　月光照着海　照着胡同

所有人中的例外　我们分开
从夜晚　到白天　都不再哭

像尘土被雪清洗　言语也只是声音
我们说话　在海面上静静飞行

2006.2.21

7月19日，我

……只剩下蚊子和钢琴
七月的夜晚　像是空的一样

而我对此一无所知
我穿过　忘记　掏出了钥匙

我知道空也是不可能的
我出汗　看自己

不确定是否真的知道
或者　我可能真的不知道

关于七月的猛兽　我说得太多
蚊香变成了灰　钢琴在忍耐

我说了太多的我

在电梯里　我空无一人

2006.7.19

11月20日,在台北看雨

然后,在海水里滑冰
然后,给飞机让路,看电影

成为彼此的一部分,喝两种水
雨声铺上草地,我们闭眼,假装在听

一个院子,一片药,水果里有虫
电脑重启,生锈,终于安静了

然后,我在你的失眠里睡着
烘干机,吃掉了我们的袜子

2006.11.20,台北木栅

2007

2月13日,给没有见过雨的人

时差拖着行李　向彩虹走去
那些昏睡的人　旅行者

那些泰国的猫　山西的渔民
书里的死人　女战士　涌上心头

早晨七点　黑暗离开了这些脸
他们都有了自己的名字
写在护照上　报纸上

新婴儿醒来　手风琴摧毁了监狱
台北的雨跳着舞　要我回来

2007.2.13

6月28日

她们都飞走了　离开了现代城
经过西单　塘沽　经过了柏林和科隆
路上下过雨　发生过禽流感　桃花落了
股市温柔地熄灭　婴儿降生了

但是她们都飞走了　在河南　台北
在开普敦中心车站　卖茶的人坐电梯
傍晚　终于变成了黑夜

她们关闭了燕莎　关闭了工体
她们为了爱情　炸毁了奥林匹克公园

但是为了失眠的心　但是卢森堡公园

但是蝴蝶在大屿湾飞　经过了天坛
但是蜜蜂　大麻　直升飞机带走了她们

整个乌鲁木齐变成了公园

终于变成了黑夜　她们叹息
她们变成了她　她们爱她　她们飞向
下一个梦

2007.6.28

2008

2月14日,和父亲去医院

我们吃了早餐　吃了药
和污染的空气做斗争

我们早起　在医院等待
辨认着耳科大夫的脚步声

我们沉默着　并排坐着
把沉默存进空气里

一天　两天　我们背着手
在缓慢的电梯里站着

围巾是新的　冰和垃圾也是新的
我们互相听　一直到听不见

2008.2.14

2月18日,夏河的斯特林堡

他听到了北京　他是它的耳鸣
北方的自行车　在天空中滑过

他听到了夏河　法号响起了
北方的大饼　被雪花盖起来

他在地下室看地下电影
他老了　哪里都不去

雪在街上　自行车在楼下
夏河人斯特林堡　什么都听不到

2008.2.18,兰州

6月2日，平静的生活

平静的生活从未出现

就像雷雨从未真的降临

除了无休止的　加倍的晕眩

在下午　捆绑　操着尖叫的姑娘

水一样的色情

水一样的水　开水的片刻宁静

又一个下午　下一个下午

静止般地经过　又从未消失

2008.6.2

8月25日,克里斯蒂安娜

灰色的云在移动　消散

我忘记了会议

一个三十度的斜线

把阳光

从水面

引向空中

那里有中国电信　丹麦电信

无政府短波和实验室的脑波会聚

资本主义在烟雾中飞行

伴随着光　热量被吸走

水也在上升

从克里斯蒂安娜

向悬在半空的冰　会聚

这些都会被抹去　和再现

2007.8—2008.8

9月12日

在煮熟的玉米里
菩萨只是菩萨而已

白瓷碗　黑瓷碗
水滴在他额头
像是淡黄的　移动的沙丘
一棵玉米有多少粒
沙丘里就有多少水
变成了水滴

2008.9.12

10月的3首诗

10月1日

飞机不说话
照常滑进夜空的空

而温泉的水雾凝聚
向下滴落
在肉和酒上

舔湿了嘴唇的女孩
随笑声变黑　是遗忘之甜

10月2日

如果我说我在等公共汽车
如果　在秋天的广告牌下

蜻蜓抖动小身体

从旋转的气流中

逃出　听见秋天的车轮

我刚刚从郊外回来

一路听着蟋蟀说　如果

10 月 3 日

这些愤怒的自行车

政治抒情诗　漫游在阳光下

一天就这样开始

一年就这样转折　慢跑的人

坐车的人　晚上　还躺在阳光里

这些钥匙也发着光

昼夜不停　享受着歌声

2008.10.4

2009

1月2日

一列运送收音机的沉默的火车

泥和冰　枯死的草　粪便
一道闪亮的钢铁
忽然又黯淡了下来

词语向楼群飞来
又撞回去　词语的海洋
向紧闭的窗户涌来

玻璃上的脸
我身体里的收音机
传送着火车的歌声

词语在喊叫中远去

词语在沉默中归来

          2009.1.2

2月18日

大使馆　仍然在雪地里办公

晚饭喝过面汤的人
走在路灯下　脚底冰凉

北京在融化　泥浆抱着玫瑰
四环外　铁路黑得耀眼

这就是空竹的秘密

只有你知道　只有你

2009.2.18

3月30日

橡胶树下
裹住海绵体的是阳光

黑暗
挤成了锌

傻逼也有痛苦
傻逼也会像电一样尖叫
从床上跳下去

我停在一个短暂的下午
用望远镜看着他们
擦掉汗　听外国音乐
傻逼一样地哭着

2009.3.30

3月31日

迫不及待
获奖者的桨断在岸边

春天像停电的美术馆
展览着结冰的河面

我们从未相识
又谈何分离

春天像孤独的发电机
工人在宿舍里看电视

2009.3.31

5月8日

吃垃圾长大的灰脑袋水鸟
有一双折弯的长腿

但不是特别长

在海水涌上来
淹没了脚趾的时刻
海藻和石头
模仿着它的跳跃

2009.5.8

6月2日,昨日饮茶,今早头晕,一个梦都记不起来

宇宙已装进杯子里

因为冷却而变得更黑

而忘记　浓缩的心

在雨中醒来

然后我口颂真言

汗流浃背

躺在残茶中漂浮的兰花上

假设已暂停了纠结

可是我一天不回来

雨就一天不停

2009.6.2,长沙,北京

6月27日,梦见女人,早起写邮件

天空要么是黑的
要么就透着一点光

她是湿漉漉的
要么就是一阵雷

我们想象出整座城市
屋顶溶解　要么就结冰

其他人经过花园
要么就死在其他地方

2009.6.27

7月7日

呕吐的俳句:

屠牛者长得像牛

2009.7.7

7月8日,大汗淋漓

不过是一些雨　一些窗帘
小区连绵不断　擦去了荒野

一首反动的歌
要给倒立的人听

我等待着　做一个人
我回到昨天
重新打了最后一个电话

2009.7.8

7月22日

1

我们没有翅膀
也就没有风

2

树上也没有风　蝉鸣
让夏天变得短命

3

我们用光速午睡
喝水　醒来就喝啤酒

4

光移动得太慢
透过纱窗　打翻了水

这么慢
戴墨镜的蝉的黑暗

风吹着汗水在衬衣上的黑暗

5

我们也可以观察树叶
也可以有下一个夏天

6

风吹着翅膀
我们不动　渴望着另一种热
每人一个冰箱
每一种热　我们停在渴望里

每一种没有　都是

眉毛上的冰碴　黑人的眉毛

光在夏天的黑暗里抽浆

        2009.7.22

8月10日,庆祝 Alwin 出生

橙汁从天上下来

把交通堵起来

人类从天上下来

发明了雪糕

现在就是那个时刻

现在核桃成熟

图书馆竣工

蓝色的钥匙烧着红色的门

所以我们相遇

飞鸟发明了飞

我们抬头　神秘地打喷嚏

2009.8.10

9月11日,押韵的星期五

星期五　山上来的人回到了山上
你爱他　就会和他一样

你擦掉我的汗　你是我的民主
莱茵河水面的光

2009.9.11,巴塞尔

9月23日

从人皮下醒来　喝水
死是必须的

尊重空白　是必须的
每日三餐　背叛是必须的

女学生夜读外语
必须不穿内裤

除此没有必须
除非　除草机除掉了叛徒
青年路上　晨光乘虚而入

2009.9.23

10月10日

昨夜的牛头犬

从我身体里蹦出来

咬着木头　哼着歌

昨夜的泡沫　蓝色的人

红色的人　流向它们自己

我对此一无所知

我斜躺在床单上

从一天　向另一天

蒸馏着自己

       2009.10.10，苏黎世

10月10日,重写7月7日

……

……

变成一个日本人

一个西藏人

看这些花　这些垃圾

在南边　指着北

2009.10.10,苏黎世

10月14日,天冷,加衣

远方的机关枪

在野兽肚子里醒来

小东西　小声地哭

苏黎世的银行也醒来

苹果　栗子　鸡蛋　水

海洋中心　买水的人不说话

秋天深了　他们醒来

排着队向这里走来

2009.10.14,巴塞尔

10 月 30 日

我吃我的行李
我吃头一天　清晨乌鸦的叫声

十分钟　竹林被风吹开
火车　冰箱里的火车

镜中人　是我
沙滩上追赶蚊子的人　是我

2009.10.30，名古屋

2010

1月2日

我以为我要说点什么
我看过了雪　又回到桌前

或者我数钱　或者我洗衣服
乌鸦在郊区飞　在前门飞

我静静地等着
像冬天的火锅

再也没有打折机票了
我等着牺牲　然后是过年

2010.1.2

1月8日

看 一个沾花惹草的人
一个呵气成冰的人 现在

一片白云 用火烤 用水浇
一片黑云 现在

一盒避孕套 一盒大头针
一和二 二和三 和一切

看一个盗窃宇宙的人
一个老人
边哭边下载 他下载现在

2010.1.8

2月2日

三个人走夜路
从路边走到路中间

从空间的三个点
走到时间的三个切片上

黑色的河　白色的雪地
冬天什么都没有

冬天怎么可能什么都没有
灯光照着鸟粪　灯光什么都没有

一个人下楼　开门
一个人醒来得太早
鸟从东柏林飞到西柏林

三个人像乌鸦一样走路

一天　从东单走到东四
一天　从一楼走到二楼

灯光照着河水
手机里什么都没有

　　　　　　　　2010.2.2，伯尔尼

3月5日,惊蛰

巫娜在南六环　在人世间移动
在晴天和下一场雪之间

一场雪重复着下一场雪
泥浆遍地　重复着傍晚

我吃过的雪　成为我
我重复着下一颗种子

2010.3.5

3月8日

从空中偷一张桌子
坐在上面看报纸

坐火车去道歉　错过了站
就在雨里哭起来

读明天的剧本　喝白酒
读到两眼发黑

这些事迟早要发生
或者已经发生　被柴禾堆在窗外

2010.3.8

3月24日

音乐不能解决的
我也不能解决
但是我们继续演奏

我们识别缺陷
替它变成陌生人

接下来我们游泳　制造漩涡
在里面继续演奏

        2010.3.24

3月25日

昨天我见到一个骑自行车的人,他吃火药,喝水
迎风上坡来给我送信,他消失得无影无踪

一个胖子淹死在汗水里,我无动于衷,读圣贤书
古人说,要想看清蚊子的翅膀,最好等他停下来
是啊我停了下来,我看清了全世界

一个人学会了辨认石头,离开了旅行社
他驱赶着黑云,在大望路地铁站等我,他坐在黑曜石上

古人往南走,路过松林的时候突然头晕,就这样失踪了
我仍然口渴,继续解决着麻烦,我将成为古人
这是谁说的,要想留住青春,最好什么都别想

2010.3.25

4月1日,晴,有风。午饭吃了烧饼和沙拉

我们变成我们吃的东西
变成羊,桃子,鸡爪子,有时候是辣椒

我们同时吃,有时候不吃
我们在早晨吃夜晚,在南方吃指南针

吃眼泪,吃掉一个国家,吃不完就放进冰箱
有时候吃人,有的人反对

我们发现了药,有时候是毒药
我们激动,有时候一动不动,像吃了乌龟

我们相爱,成为对方的一部分
我们成为政治,成为化学,我们不在乎

我们会死,变成时间本身

一把米,两把米,我们变成蒸汽

2010.4.1

4月25日

假使我是一只海豚
在地下车库　在歌声中沉睡

我吹着口哨
电话里传出雨的回声

高跟鞋从头顶经过
像葵花籽敲打着天堂

2010.4.25

5月6日,在花园里

1,牛粪和蜂蜜。

2,一辆空着的公共汽车仍然是公共汽车。

3,这些空气里的小王八蛋。

4,隔壁的发动机。我咬着我的门。

5,密集。自己的乌云。自己吃。

2010.5.6,上海襄阳南路

8月14日

风吹掉了我的胡须
吹走了月晕　不再有幻想

现在我指着月亮
等着它安静下来

而我不能指望自己
在月光里游泳　追上风

我的心噼啪地响起来
这一切就快要结束

2010.8.14

8月19日

烧饼烧着了　我停在火上
白云蒸腾　夏天已经过去一半

我停在火里　看蚂蚁散步
一个女人来自西方
看着我发呆　她不爱任何人

我停在火烧完的地方
像一块静止的抹布

我吃掉了整个厨房
包括火　这让我难受

2010.8.19

10月15日,昨晚

火车打着呼噜经过

我静静地,和她并排躺着,吞咽着灯光

2010.10.15

12月10日

凌晨三点　我在梦中捕鼠
像一架飞机　去水下游行

一张白纸　在坠落中变黑
一群盲人　坚持着斗争

像所有不下雪的冬天
我回到原点

我催促着　挥舞着
一把扇子　追赶着它的风

2010.12.10

2011

1月13日

新年的公共汽车

在阳光下闪耀　灰尘也闪耀

乌鸦没有眼睛

铁的树叶　石头里的心

去年　前年　淡蓝色的肩膀

向着下一个波浪滑去

2011.1.13

1月28日

——给劳伦斯和瑞贝卡

停留在水草上　一个夏天

脱去外套　把自己蒸发掉

下一个夏天　前天和大前天

倒退着下山　一直看着天

出汗的一天　打呼噜　洗脸的一天

停留在猫头鹰的翅膀上　模仿着飞机

一只蚂蚁　爬上了洗手池

眺望着　已经发生过的未来

2011.1.28，布里斯班

2月10日

有人在天上呵气
我冰凉的手　捏着手机

无人看守的停车场
沉船在雪中继续下陷

一个孤零零的城管
骑电瓶车到来　吃着煎饼

他凝视着树　凝视着汽车
大陆的深处　他禁止了死亡

2011.2.10

4月11日

三匹马低头吃草

黑马挨着白马

一辆静止的汽车

穿过下雨的俄亥俄

2011.4.11

4月11日，2

你在烧什么?
玉米

百叶窗里的早晨

2011.4.11

4月12日

为你准备我的身体：
一个盲人　坐在公园里

        2011.4.12

5月27日

把一个人捆起来
摸她的骨头　看她的眼睛

悬挂在棉花田里的闹钟
用黑暗　使心灵饱满

2011.5.27

6月5日

一

如果没有文字
我该从哪里开始今年的屠杀

闷热的空调下　一百位同学
坐火车离开了北京

二

我修改着别人的书
黑色的小东西　从纸上飞起

全深圳的蚊子都有同一个姓

失血的图书馆:

祝福你们的飞翔和死

2011.6.5,深圳

6月6日,端午节

一

打伞下山
想起一个长得像山海经的人

另一个　像山海经里的怪物

但是山并不存在
我只是住在三楼

二

湄公河畔也不存在
这只是一间饭馆
我吃掉它

像怪物吃掉一本书

三

一日　下雨了
我尾随穿粉红色内衣的女士

她把我穿在身上
使这一天成为例外

2011.6.6

6月22日

豹子：金色的大便

当它回头的时候连眼神都是金色的

它看到的垃圾堆，大款，兔女郎，全都是金色的

> 2011.6.22

6月23日,鹿特丹

煤球从雪山上滚下来
野鸭拍打着水面

正面　反面
他认为马斯河不过如此

2011.6.23

7月18日

有这么多的小动物
跌跌撞撞地路过兰州

这么多的云落进了泳池

昨天　牛肉面涨价了
而牛肉是无辜的

2011.7.18

7月20日

整个的我　从中倾泻

像电影里的雾　离开了影院

但这还不是世界　你还不是你

我的血从未离开深渊

我脸上　映着你沉睡的面容

2011.7.20

8月1日

磨刀人的下午

撒满银针的水库

在胸口荡漾

爱的新闻　血污和汗水

也在胸口荡漾

2011.8.1

8月2日

一车云　穿过禽蛋市场

我钻出窗户
像钻出神仙的衣袖

这些昏暗的走廊
雨水像零钱一样蓄积

我报答着　驾驶着

小贩的手伸向屋顶
我颠簸着　催眠着世界

2011.8.2

8月12日

我的被子是一头怪兽

2011.8.12

8月27日

塑料袋盛着狂风
他的脸　停在窗外

我打开灯　一句外语：
他们是对的

2011.8.27

8月29日

国际修理日:我停在一堆电线里

蓝色的错误　红色的错误
二楼没有灯　三楼也没有

我追随着电

2011.8.29

9月15日

我喝茶喝掉了脑子

此刻　就像一片树叶

在半空中停止

吸收着他人的坠落

我奔向这树叶　这树

这片人工草坪

最后　是这无处不在的笑容

2011.9.15

9月25日

梦见愤怒：一颗桃子裂开

梦见脊背：秋风穿行

我召唤体内的蜂群

我解释了一些梦

它们在床上等着我

蜜的沼泽　一片寂静

2011.9.25

10月25日

今天　枣树不是枣树

一些冰冷的弧线
经过了剧场　像风

我走进电梯　我已经失败了
还要再失败一次

2011.10.25

11月18日

我成为自己的标题

海边　我沉入自己的沙滩

甜蜜的夜总会

电台里的海　海的尸体

一夜一夜地荡漾

2011.11.18

11月24日

外星人不知道他们不存在

冬天　我们谈论文学
喝着热茶　睫毛笼罩在蒸汽里

外星人像一张废纸
静静地飞过窗口　飞向哈尔滨

关于城市　我还记得　巴尔扎克说过
没有风　要柳树干什么

　　　　　　　　　　　2011.11.24

2012

5月12日,巡演第三天

飞行:一颗鸡蛋握紧他自己

匈牙利的沙枣树:
树叶像刀子　互相看着
藏在对方的身体里

我只能越过平原
像他们做过的那样　咳嗽
不断地想起你

2012.5.12

5月22日

野鸭子　火热的小屁股

拍打着沙滩　沙滩上的草

草叶上　午睡的死人

夏天像一列绿色的火车

       2012.5.22，科隆—布鲁塞尔

5月23日

大教堂的尖顶正在崩塌

黑色的矿泉水瓶　黑色的矿石

塞满了美术馆

没有纸了　一个人撕扯着衬衣

黑色的水　正要落下

售票员说　我将撑开伞

我将移动空气　包括你

2012.5.23，布鲁塞尔

6月2日

浸在温水里的阴毛

像来自深海　纠缠着蓝色的气泡

我从中滑落　我还有十分钟

地铁里的自行车　发光的动物

关上窗　吃掉了剩下的一夜

2012.6.2，柏林

6月3日

我停在我的身体里
像一只带电的香蕉　裹着铁锈

整天都在下雨
外地人拎着啤酒　有时候是燃烧瓶

那些还没有来过的人
把衣领竖起来　在世界各地
扮演着莫扎特

2012.6.3，柏林

7月9日,于吉个展

昨天　两个新的国家

相互切割着

钻石和乌鸦　青苔

她蹲在它们中间

冰凉的水泥地上

连生菜都长出了新的叶子

2012.7.9,上海

8月11日

它在我们体内航行
欢呼　有时候自言自语

它吞下了其他的船
它是它们的影子：
深渊里的一道回声

它回答我　淹没我

我想起二十年前的一个夜晚
人们呕吐着　然后睡去

2012.8.11

10月17日

一只白猫在野草间散步
他看见落叶　腐烂的土　腐烂的全世界

一只猫的老虎：
他们一起趴下来　舔着露珠
听着山下　撞毁的星球

2012.10.17，洛桑

10月19日

天空　冰镇的蓝眼睛
正在闭起来

只剩下阳光在练习这漫长的一天

瑞士奶牛　乌鸦　我黑色的妈妈
在抖动的水面上

2012.10.19，洛桑

10月23日

巧克力:摩洛哥的爱因斯坦
他看着我　像看着另一块巧克力

我从另一地方　来此小坐

雨后的上午　烟灰也渗入地下
葡萄藤转眼就攀上了房顶

        2012.10.23,马赛

11月19日

银河,一盏日光灯
照耀着空房间

我眼含着泪水
漫步在花鸟市场里

被她们的怀抱所窒息
像是已经死去

银河,那些跳楼自杀的人
该如何打捞核潜艇?

2012.11.19

11月26日

星星藏在墨水瓶里

一颗 两颗 跳着舞

死去的野兽 袭击了菜市场

死去的节奏 跳舞的落叶

冻僵在半路上的冬天

我看见了全国的挂面

2012.11.26

2013

1月1日

一

海风中停止不动的粒子
像是河南人的胡须

二

我为你预订了一条铁路
我　一个骗子　望远镜中的雪人

三

一座移动的垃圾场
探险家　用所有的雪煮着所有的皮带

四

那些下了车的旅客　昨日的乌龟
我们守护着被删掉的字

2013.1.1

1月25日

一

一百米外　北方军阀也在抽烟
他经过天空　天空变暗
他抓起抹布　抹布也变暗

他眼镜上的反光
清晨　飞过窗口的白色小人

二

地铁　河流的朋友

一个沸腾的梦
人们抽烟　演奏着雨伞
苍蝇在天花板上念经

三

在冬天的中心
潜水的人　穿上双层棉裤

我虚构着一只青蛙

2013.1.25

2月20日

一月　我吃书
在沙滩上游泳

二月　世界像切开的洋葱
清洁工回家过年
北冰洋结冰了

没有时间了　我打开电脑
分析着一个词：没有

楼下的公共汽车
乌鸦打开他黑色的钱包

                      2013.2.20

4月20日

一

夜晚　东风乡的水洼
钢琴在冰里沉睡

我数着剩下的钱

钢琴家　拉上窗帘的人
数着那些没有用过的词

二

辣椒像雨一样落下来
像树里的麻雀　落向天空

三（ESP）

那些艺术家自己决定

如何让我们听见

他们学会了像黄蜂一样飞

像地平线一样休息

我把心安在鼓面上

2013.4.20

6月14日

火车载着蚊子在黑夜的银行里
他穿透了垃圾停在矿石上
抽着烟　读短信　他分成两半

我已经来过　听见过这件新闻
我已经旧了

没有人　没有麻雀　没有机关枪
现在　一个新的废墟从天而降
他拉响了睡梦的警报

2013.6.14

6月23日

楼上住着一位砍柴师傅

他砍掉了门　砍掉了桌子

现在正在砍我的电视机

2013.6.23

6月25日

寺院：蓝色的洗手间：
五百个印度人
在画像里抖动

宇宙的起源：鸡蛋：
四五个印度人
跳上冒烟的汽车

一个人要喝掉多少水
才能这样幽默
世人所见　全是夏天　全是汗

印度人　请守住你的秘密

2013.6.25

7月5日

一个变得更小的人
留在昨天　在舞台上拉手风琴

一只小手风琴
像怪鸟醒来　伸开小翅膀

黑云回收雨
像一本没有字的书

我和她对视　喝自己的酒
像两个外国人来到了夏天

2013.7.5

后　记

有几首诗曾经收在上一本诗集《不可能》里。

在一首诗里，我引用了巴尔扎克的话，这是虚构的。

我向亢霖解释过，为什么日期也可以是标题：它们明明就放在标题的位置上，不是标题还能是什么呢？

其实，这些诗里，并不是所有的标题都是写作当天的日期。

感谢夏宇、车前子和杜撰。有趣的是，你们三个彼此没见过面。

颜峻

2015年1月，青年路

后记的后记

校对完毕，发现后记里写到夏宇、车前子、杜撰三人从未见面。其实已经不对。后来，夏宇来北京，我们同去老车家玩耍，也就见了。杜撰还在河州，在博物馆玩耍。

还有康赫。最近几年，我的读者主要是这几位。他们使我快乐。

这本集子里，还有些诗，曾收在英译本和德译本里，感谢两位译者，Glenn Stowell 和 Lea Schneider。

颜峻

2018 年 1 月，青年路